AF229807

PAROLES

PRONONCÉES

AUX FUNÉRAILLES DE M. PAUL LEHR

PAR

M. J.-H. SCHNITZLER

PAROLES

PRONONCÉES

AUX FUNÉRAILLES DE M. PAUL LEHR

PAR

M. J.-H. SCHNITZLER

STRASBOURG

IMPRIMERIE DE VEUVE BERGER-LEVRAULT

1865

M. Paul Lehr est décédé à Strasbourg, le 24 octobre 1865, à l'âge de 78 ans et 2 mois. La première édition de sa traduction française des *Fables et Poésies choisies* est de 1840, gr. in-8°; la seconde, in-12, revue et augmentée, et de 1850. Il a publié en outre *Quelques essais poétiques,* 1860, in-12.

Pour moi, déjà tout m'avertit
Du déclin de ma vie,
Et du ciel une voix me dit :
« Viens, rejoins ta patrie ! »

Messieurs,

L'ami que nous pleurons avait sans doute sur ses lèvres
en mourant cette strophe que j'extrais de sa traduction des
Poésies de Pfeffel. Quel hommage plus digne de lui, plus
réjouissant pour son cœur, pourrions-nous, s'il plane ici
au-dessus de nous, rendre à M. Paul Lehr, que d'évoquer
et d'honorer le souvenir de notre éminent poëte alsacien,
du philosophe ami de l'humanité, qui, après avoir abrité
sous son toit, pendant trois ans, la jeunesse de notre ami,
resta, jusqu'à la fin de ses jours, l'objet de son culte et de
ses méditations? Les longs loisirs que d'autres auraient
voués, au milieu d'une famille chérie et si digne de l'être,
aux plaisirs, à des distractions aussi faciles que légitimes,
à la poursuite des honneurs civiques peut-être, dont aucun

sans doute n'eût été au-dessus de son mérite, M. Paul Lehr les consacra avec amour au cygne rhénan, à glorifier Pfeffel, et à faire passer dans la langue de notre patrie d'adoption cette philosophie pratique, si douce, si imprégnée de bon sens, que le poëte de Colmar, dont toute l'Alsace s'honore, a su rendre, par de beaux vers, dans notre langue traditionnelle, qui est la langue de Klopstock, de Schiller et de Gœthe.

Le volume qui contient ces poésies, et que la France littéraire n'a point désavoué, était le principal souci, la plus constante préoccupation des vieux jours de notre ami. Non pour lui-même, car il parlait avec une modestie extrême de son travail, pourtant remarquable aux yeux de quiconque sait quelle réunion de qualités est exigée d'un traducteur, s'il veut faire revivre un poëte dans une autre langue, en français surtout, et sous une forme à laquelle ce poëte n'ait rien à perdre; non pour lui, je le répète, mais pour cet idéal de son jeune âge, qu'il aimait, qu'il tenait à faire aimer, et que nous avons vu avec plaisir, nous vieux enfants de l'Alsace, devenir, grâce à lui, abordable à nos compatriotes d'au delà des Vosges. „Courage, disait M. Paul Lehr aux lecteurs auxquels il adressait son livre, courage, cher Lecteur! Lisez en faisant deux parts de vos observations : que celle des éloges soit pour Pfeffel, celle de la critique pour le traducteur. Je vous livre le fruit de loisirs consciencieux :

« Voilà tout mon talent; je ne sais s'il suffit. »

Dans un morceau d'introduction placé en tête du premier choix de fables, depuis enrichi d'année en année, il s'agit d'une dame qui dédaigne les fleurs et les bouquets, par la raison que, dès le soir, on les verra se faner sans retour, et le fabuliste met dans la bouche de la marchande qui espérait lui en vendre, ces vers pleins à la fois de modestie et de bon sens :

> Madame, permettez ! vous êtes trop sévère.
>   Je n'abuse en rien l'acheteur :
>   En offrant mes fleurs les plus belles,
>   Je ne les dis pas immortelles.
> De mes écrits je pense autant, lecteur.

Après avoir traduit ces vers, le digne interprète de notre aimable moraliste laisse éclater son amour et son enthousiasme. Saisissant, pour son propre compte, la harpe inspirée, et faisant entendre des accents sortis du fond de son cœur à lui, il dit :

> Quelle simplicité ! quel modeste langage !
> Non, Pfeffel, non, tes fleurs ne sauraient se flétrir.
> Sur le fleuve du temps, ta corbeille surnage. —
> Puisse un Alsacien, plein de ton souvenir,
> Payer à ta mémoire une honorable dette.....
> Malgré le sort cruel qui te voila les cieux,
>   Grâce à tes souvenirs, tu retrouvas des yeux.
>   Nulle couleur ne manque à ta palette,
> Et tes tableaux sont vrais, riches et gracieux.

L'effusion du traducteur, profondément épris de son modèle, ne s'arrête pas là; mais les moments sont comptés dans cette assemblée, et vous aimerez, Messieurs, à relire jusqu'au bout, j'en suis sûr, tout ce petit panégyrique, placé à l'endroit le plus approprié.

M. Paul Lehr avait assez d'élévation dans l'esprit, assez de philosophie et d'enjouement, assez d'imagination, pour se passer du soutien que prête à un traducteur le riche fonds de son original. Ses *Essais poétiques* en font foi. Cependant Pfeffel était pour lui un aimant qui ne cessait de l'attirer. Rendre un morceau plus achevé, l'embellir d'un trait de plus, d'un trait plus exact, surtout, assurer ainsi plus infailliblement le succès du fabuliste alsacien parmi les compatriotes de Lafontaine, l'entourer de gloire au delà comme en deçà des Vosges, c'était pour lui un devoir, une mission, dont aucune prétention personnelle ne le détournait.

Aussi Pfeffel et Paul Lehr, ces deux noms sont désormais inséparables en France; la mémoire de l'un, que nous révérons, ne laissera pas s'effacer en nous la mémoire de l'autre, pas plus que le souvenir de ses vertus, de sa vie patriarcale au sein d'une excellente famille, de sa fidélité comme ami, de sa loyauté comme homme, de son incorruptible attachement aux principes comme citoyen.

Oui, ces souvenirs, nous y resterons attachés, cher parent et voisin. Ils ont sûrement adouci pour toi le moment suprême et expliquent le calme parfait avec lequel tu es entré dans l'éternité. Ton poëte chéri nous avait d'avance expliqué le fait, et en t'adressant un dernier et douloureux adieu, qu'il me soit permis de rappeler encore trois ou quatre de ses vers, de vos vers à tous deux, qui ont dû être pour vous, au soir de la vie, comme un dernier et bienfaisant rayon de soleil. A ce moment, aucun spectre effrayant ne lui apparaissait, ne t'apparaissait à toi-même, cher défunt; non, mais..., je te cède la parole :

> Mais devant moi se lève un ange qui me charme.
> Il est resplendissant de lumière et d'azur ;
> Le bienfaisant pavot couronne son front pur,
> Et sa main tient la clef de la porte céleste.

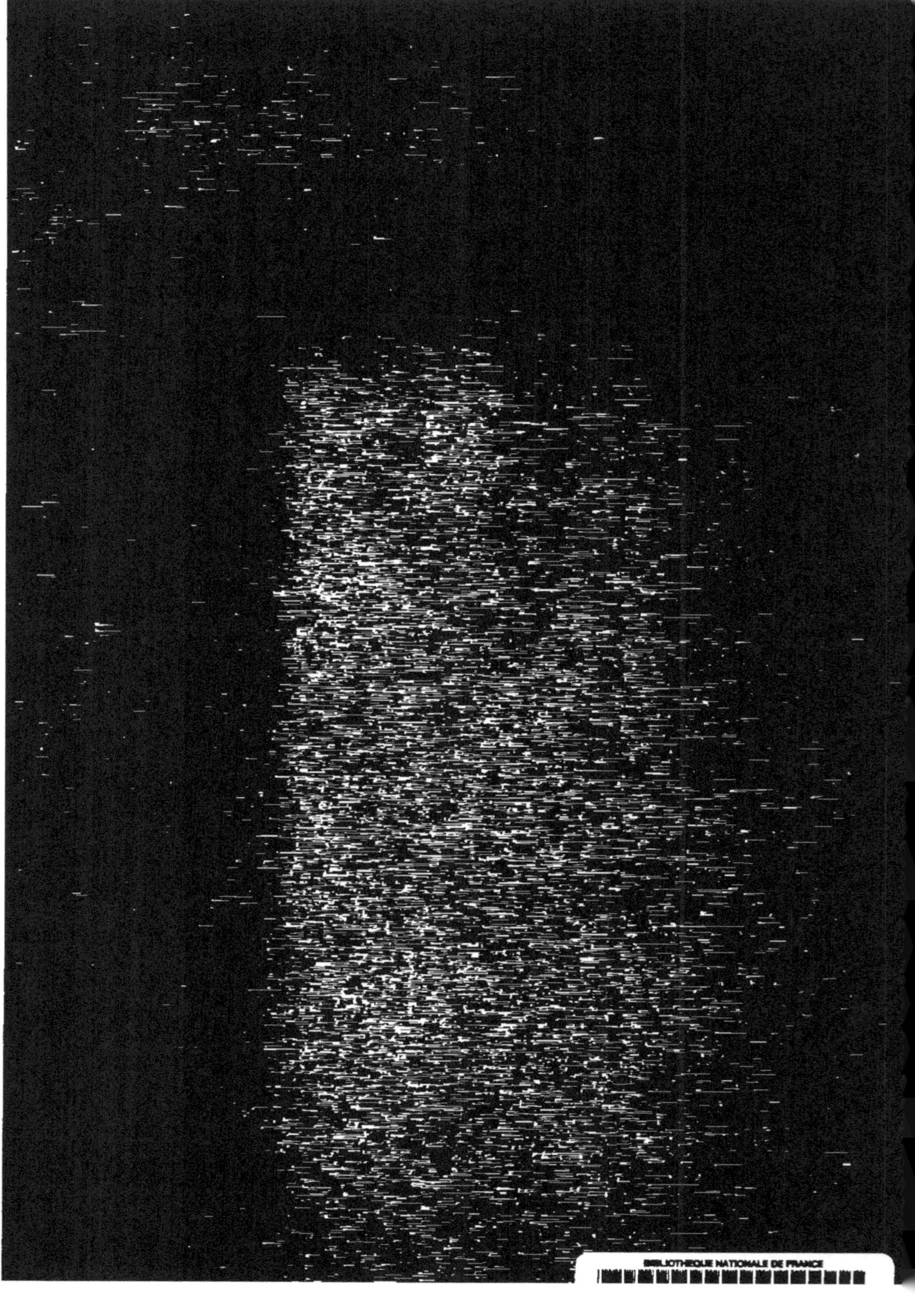